JN441050

이 책은 전국재해구호협회 <희망브리지>의 지원으로 제작되었습니다.

주관 : 서울특별시립 서대문노인종합복지관

지원 : 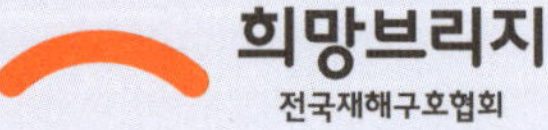

글·그림

김하임　박정자　유숙연　유영자　임지화

인생산책

목 차

글 · 그림 김하임

예술 기획과 그림을 그리고 있는 "Tob 김하임"입니다.
어린 시절, 책 속에서 만난 주인공들은 제 성장에 큰 밑거름이 되었습니다.
그 경험을 바탕으로, 우리 어린이들이 가족과 이웃을 사랑하는 마음을 키우고,
세상을 더욱 따뜻하게 만들 수 있기를 바라는 마음으로 그림 동화를 창작하게 되었습니다.
쓰고 그린 책으로는 《긴 머리 소년 히어로》와 《고마워 헤나 누나》가 있습니다.

첫 번째 이야기
이해가 안 돼요

우리 할머니는 혼자 계시면서
괜찮다고 하세요.

이해가 안 돼요.

난, 혼자 있으면 심심한데…….

또 할머니는
매일 공부하시죠.

이해가 안 돼요.
난, 학교 숙제도 깜빡깜빡
할 때가 있는데 …….

할머니는 이웃분들의 이야기를
잘 들어 주시죠.

이해가 안 돼요.
난, 내 이야기를
더 더 더 하고
싶은데 말이죠.

할머니는 집에 계실 때
책도 읽으시고, 가끔 글도 쓰세요.

정말 이해가 안 돼요.
난, 글씨만 보면 졸린데.
그러나 컴퓨터는 오~ 예~

할머니가 챙겨 주시는
간식은 심심한 맛이나요.
이해가 안 돼요.
맛있는 게 얼마나 많은데.

피자, 햄버거, 치킨…
생각만 해도
침이 고이네.

할머니는 아나바다에서 산
물건들만 좋아하시죠.

이해가 안 돼요.
난, 예쁘고 귀여운 것만
보면 다 갖고 싶던데.

정지

할머니는 봉사활동으로 바쁘시지만,
얼굴은 행복해 보이세요.

그러던 어느 공휴일.
너무 심심해서 할머니를 졸라
교회 봉사활동을 따라갔어요.
봉사활동을 하던 중 할머니들의
대화를 우연히 듣게 되었죠.

“혜나 할머니는
정말 대단하신 것 같아요.
손수 만든 수세미와 빵을
매번 기부하셨다지요.”
수세미

행복 도서관
도서관

"그뿐만이 아니에요.
컴퓨터 공부도 계속하시면서 복지관에서
봉사도 하시고, 도서관에서 공부하시는
모습도 자주 보았어요."

"더 놀라운 일은 혜나 할아버지가 계셨을 때,
함께 장기기증과 사전연명의료의향서를
작성하셨다고 해요."

"어머, 정말 훌륭하시네요."

난, 할머니들의 이야기를 듣고
너무 놀랐어요.

우리 할머니가
내 할머니라서
자랑스러워요.

이젠 다 이해가 돼요.
사랑해요. 할머니!

글 유숙연 · 그림 유숙희

좋은 프로그램을 마련해 주신 서대문노인종합복지관과
천양호 대리님께 감사드려요.
20회의 상담과 글쓰기, 그림 그리기가 쉽지는 않았지만
할머니께 조금의 힘이 되어 드린 것 같아 보람을 느낍니다.
무엇보다 언니와 같이 작업을 하게 되어 더욱 기뻐요.
끝까지 칭찬과 긍정의 언어로 이끌어 주신 선생님 감사합니다.

두 번째 이야기

약 중의 보약

한글

나의 아버지

6.25 전쟁 때 전사하신 아버지,

난 아버지 얼굴이 잘 기억나지 않아요.

가끔 꿈속에 나타나시는 아버지가 그립습니다.

산속 네 식구

엄마와 어린 우리 삼 남매는 깊은 산속에서 힘들게 살았어요. 우리 가족들 배에서는 늘 꼬르륵꼬르륵 소리가 났답니다.

지게꾼 우리 남편

열아홉 살 때, 옆 마을 가난한 청년과 결혼을 했어요.
큰아들을 낳았는데 젖을 먹이려니 먹은 것이 없어서 젖이 안 나와요.
너무 애처로워 무조건 서울로 올라왔어요.

남대문 시장

갈 곳 없는 우리 세 식구를 먹여주고
재워주던 남대문 시장 근처
고마운 아주머니를 지금도 잊지 못해요.
남편은 종일 남대문 시장 지게꾼으로,
나는 길거리에서 물건을 팔며
열심히 살았어요.

치 조림
우리쌀

사랑스런 세 자녀들

아이들은 건강하게 잘 자라 주었고, 알뜰하게 모아 다섯 식구 함께 지낼 작은 집도 마련했지요. 큰 아들이 고등학교를 졸업하면서 좋은 직장에 합격했는데 그때의 기쁨은 지금도 고스란히 내 가슴속에 남아 있어요.

청천벽력

큰아들 직장에서 건강검진을 해 준다는 소식을 듣고
아들과 함께 우리 부부는 난생처음 대학병원에 갔어요.
며칠 후 우리는 청천벽력 같은 결과를 듣게 되었어요.

남편이 폐암으로 두 달 밖에 살지 못할 거라는...

그렇게 허망하게 남편이 훌쩍 떠났습니다.

기다림

우리 동네가 재개발 지역이 되면서 집을 팔았어요.
새로 짓는 건물에 투자를 하면 매월 월세를 받을 수 있다고
집 판 돈 대부분을 가져간 막내아들은 코로나 이후
몇 년째 소식이 없네요. 속히 얼굴만이라도 보고 싶어요.

우편
POST

악몽

아무도 만나기 싫어
집안에만 틀어박혀 있었는데
잠들면 자주 무서운 꿈을 꾸고
잠에서 깨면 다시 잠을
이룰 수 없어 너무 힘들었어요.

꿈에서 돌아가신 아버지와 남편,
그리고 죽은 동생과 오빠가
자주 보이니 돌아오지 않는 아들도
못 보고 죽지 않을까
걱정도 되었어요.

고마운 분

힘든 시간을 보내던
작년 여름부터 집으로 찾아오는
고마운 선생님이 계셨어요.

일주일에 한번 씩 만나다 보니
어느새 제 마음을 털어놓게 되고,
제 마음도 조금씩 편안해졌어요.

나의 소원

"지금 제일 하고 싶으신 것이 뭐예요?"

"난 학교에 가본 적도 없어요. ㄱ, ㄴ도 1, 2, 3도 쓸 줄 몰라서 늘 기죽어 살았어요. 죽기 전에 내 이름 석 자만이라도 쓸 줄 알았으면 한이 없겠어요."

그렇게 시작한 한글 공부~

드디어 내 이름 석 자를 쓸 수 있게 된 날,

너무 기뻐서 가슴이 막 뛰었어요.

자랑하기

가을부터 하루에 한 번씩 개천에 나가 걷기를 시작했어요.
걷다가 글자가 보이면 혼자 더듬거리면서 속으로 읽어봐요.
꽃과 나무, 오리들에게 혼잣말로 자랑을 한답니다.
"나 글자 읽을 수 있다."

보약

그렇게 매일 걷다 보니 기분도 상쾌하고 잠도 푹 잘 수 있게 되었어요.
거기서 만나는 사람들과 가끔 차도 마시고 이야기도 나눠요.
약 중의 보약, 나의 눈을 떠 준 한글이랍니다.

어서 더 배워서 작은 아들에게
편지도 써 보고 싶어요.
"사랑하는 아들아 보고 싶구나.
괜찮아 돌아오렴.
엄마가 언제나 기다릴게."

크고 작은 열매

살면서 힘들고 지쳐 원망도 많이 했어요.
하지만 뒤돌아보니 크고 작은 열매가 있음을
알게 되어 요즘은 늘 감사하게 돼요.

나는 참 행복 합니다

글자를 한 자, 한 자 알아가면서 기가 살고 자신감이 생겨요.
하늘나라 갈 때까지 글자 공부 계속할 겁니다.
잘 배워서 편지도 쓰고, 시도 쓰고 싶어요.
목표가 있는 나는 참 행복합니다.

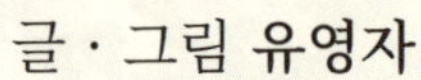

글 · 그림 유영자

시인(시조, 동시), 소설가, 동화 작가, 수필가

약력 -제 9회 전국 성경 고사 대회 전체 특등
-제3회 스산 갯마을 전국 시낭송 대회 대상
-한국문인협회 회원
-한국소설가협회 회원
-한국저작권협회 회원
-한국시낭송가협회 회원

저서 -시는 내 것이 아닌 줄 알았다
-시의 바람이 불어오는 날들 속에는
-자서전 소설집 <또랑 영자네 삶은 어디까지 1>
-수필집 <이야기꾼 아줌마>

언젠가 제가 직접 그린 그림들로만 제 작품들 속에 오롯이 그려서 동화책을 제 이름으로 한두 권을 내고 싶은 꿈은 예전부터 있었습니다. 그래서 헌 책방이나 제가 다니고 있는[새문안 교회]에서 한 달에 두 번 애장 도서를 팔 때마다 꼬박꼬박 동화책을 모으기 시작을 했습니다. 일단 글의 내용도 좋고 그림이 예쁜 책들로 말이지요.

서대문노인종합복지관의 동화 작가 공모가 있다는 사실을 접하긴 했지만 번번이 마감이 되고 말았습니다. 지난해 저는 누군가가 펑크를 낸 자리를 뚫고서 행운의 한자리를 잡았습니다. 그런데 공부하는 와중에 또 누군가가 힘이 들었는지 펑크를 냈다는 소식을 들었습니다. 그 자리를 메워 줄 단 한 명을 찾는 문자를 받았습니다. 그 사람이 제가 되고 싶어서 답변을 문자로 보내 드렸습니다. 제 욕심이었을까요? 어떨결에 결정을 하고 정말로 정말로 고민을 참 많이도 했습니다.

게다가 복지관에서 동화 작가 그림을 지도해 주신 두 분의 자상하고 섬세한 교육을 받을 수 있었던 것은 대단한 행운의 기회였기도 했고요. 같이 공부를 함께 했던 동화 작가님들에게 많은 활력소도 전수를 받았습니다. [죽기 살기로 목숨을 걸다시피 매진하여 수업을 받고 그림을 그려 내신 분들...]

제게 이런 기회를 주신 천양호 대리님 참, 고맙습니다. 이젠 어떤 그림이라도 상황에 맞는 그림을 그려 낼 것만 같은 자신감도 단단히 생겼습니다.

제가 쓴 동화의 내용이나 정성껏 그린 그림들에 누군가가 위로를 받고 평안을 누리면서 마지막 생의 끝자락을 누릴 수 있다면, 그분들에게도, 제게도 이 작업의 시간들은 영원한 선물로 남겠지요. 그동안의 그림을 그려 내느라고 힘이 많이 들었던 고통의 시간들을 잊으면서 말이지요.

세 번째 이야기
할미꽃이 되어 버린
너, 나, 우리들의 삶

초록빛 바람이 초록빛 나비처럼 날아갔어요.
마음이 가난하고 힘든 사람들에게
다가가서 속삭였어요.

왜냐하면요.
그런 사람들에게 "낮엔 해바라기처럼 해님을 엄마, 아빠라고 생각하고 바라보면서 사세요. 그리고 밤엔 달님과 별님을 친구처럼 생각하고 사셔요"란 말을 하고 싶었거든요.

초록빛 바람은 어디론가 날아가다가
장미꽃을 발견하자마자 큰 소리로 외쳤어요.
"여러분, 여러분, 넝쿨장미꽃을 자세히 좀 보세요.
가시넝쿨 속에서도 참 예쁜 꽃들을 참 많이도 피우고 있네요."
[어머, 예뻐라]

초록빛 바람은 이번에는
스코틀랜드 나라의 국화인 엉겅퀴 꽃에게로 다가갔어요.
"이 식물은 참으로 생명력이 강해 보이지 않나요. 여러분?
넓고 뾰족뾰족한 잎사귀엔 장미 넝쿨까진 아니더라도 가시가
참 많지요. 엉겅퀴의 사촌 격인 식물인 지칭개도 있다고요."
바람은 자세히도 설명을 해주었어요.

초록빛 바람은 또 어딘가를 날아가다가
담쟁이덩굴을 만났어요.
"저기 저 담쟁이를 유심히 한 번 살펴보세요."

아무리 뜨거운 여름날에도
담쟁이는 돌담이나 철장들에 기대어서 올라가고 있네요.
비빌 언덕이 있든 없든 자신의 초록빛 꿈을 향해 끝없이
올라가는 모습을 바라본 후에 건강한 사람들도
건강하지 않은 사람들도 담쟁이처럼 살았으면 하는 맘이
초록빛 바람은 드는 거였어요.

초록빛 바람은 사람들에게 말했어요.
"여러분들은 아름다운 눈을 가졌잖아요.
그 눈으로 하늘과 바다, 그리고 강물,
온갖 나무, 식물들, 그리고 온갖 꽃들을
교과서 삼아서 마음의 눈으로 머리로 한껏
자연을 읽어 보셔요. 그 우주 만물을 통해서 지혜와
지식을 발견해서 삶을 윤택하게 하실 수 있겠지요."

초록빛 바람은 "여러분들은 일생 동안 코로 숨을 쉬면서 많은 냄새들을 맡아 왔잖아요. 그 냄새들의 향기, 추억도 결코 잊지 마시고 살아가세요."라고 말했어요.

언젠가 여러분들의
삶에 꼭 도움을 줄
일들이 생겨날 때
당신들을 도와줄 수
있을 거예요.
꼭 잊지 마셔요.

그러면 가끔씩 그 어려운 세상살이 속에서
봄바람 같은 노래가 바람 타고 들려오겠지요.

가끔씩 활짝 핀 장미꽃의 향기도
모두 여러분들의 것이 되겠지요.
그 노랫가락, 그 향기를 맘속에 잘 저장을 해두셔요.

초록빛 바람은 우리들의 귀로 수많은 소리들을 귀를 귀울여서 들어보라고 속삭이네요. 부정적인 소리보다는 긍정적인 소리에 귀를 귀울여서 들어보라고 외치며 말했어요. 그러면 어떤 분이 지으신 이런 아름다운 동요도 들을 수가 있다네요.

바람아 바람아 불어라
배꽃아 배꽃아 떨어져라
흰나비가 되어서 팔랑팔랑
날아라 날아라

손으로는 많은 것들을 만져보고 느껴 보세요.
가능한 여러분들은 여러분들이 할 수 있는 한 많은
것들을 만들어 보세요. 치매예방에도 좋으실 것이고요.
손으로 만든 그 작품들로 인해서 마음이 한결같이 행복하고
많은 추억거리를 가슴에 안고 살 수가 있을 거예요.
초록빛 바람은 사람들에게 들려주었어요.

초록빛 바람은 이런 행복한 상황 속에서 예기치 못한 검은 회오리바람이 사람들에게 크나큰 절망감을 안겨주는 것을 가끔씩 보고 다녔다고 하네요.

백세 시대를 살아가고 있는 우리들에겐
그 절망의 그림자는 누구나 다 두려울 거예요.
치매, 우울증, 관절염, 중풍, 각종 암 병들…
허리 디스크… 가시철조망을 뚫으면서
우리들의 삶을 지탱하여만 할 것만 같은
크나큰 두려움….

초록빛 바람은 그럴 때일수록 그렇다고 크게 절망만은
하지 말 것을 사람들에게 당부하고 있었어요.
여러분 젊은 날들 속에 행복한 추억 어린 삶들도 참 많이 있었잖아요.
이렇게 어려운 날들 속엔 침착하게 한 번 많은 생각들을 해보는 거지요.
왜 나에게 이런 일이 일어난 것일까?
만약에 도저히 해결할 대책이 도저히 나지 않을 땐
그 옛날의 행복한 추억들을 잠시 빌려오셔요.

지난날들의 행복한 기억으로 현재의 그 고통들을 위로하고 다독이면서 이겨내세요. 아셨지요? 그리고 그 경험으로 아직 남아 있는 생명을 좀 더 지혜롭게 살아 나가세요. 네엣? 초록빛 바람은 가난하고 병든 그리고 고독한 사람들을 깨우치는 듯이 말하고 있었어요.

사람들은 초록빛 바람을 향해 끄떡 끄떡 고개를 흔들고 있었어요.

초록빛 바람조차도 한때는 자신에게
무지갯빛 색깔을 다 주시지 않으셨던 하나님을
원망한 적이 있었던 것이 사실이니까요.
여러분, 여러분 우리 모두는 젊었을 때도
나이가 든 할머니 때도 할미꽃의 모양새대로
무지개 꿈을 항상 꾸고 있잖아요.
설령 그 꿈이 이루어지지 않는다고 하여도 말이지요.
계속 포기하지 마시고 그런 꿈들을 꾸세요.

초록빛 바람은 이렇게 말하고 있었어요.

"저도 여러분들에겐 눈으로 보이진 않지만요. 햇빛이 존재하듯이 달과 별이 비와 구름이 여러분들 곁에 존재하였듯이 당신들 곁에 있었어요.

제가 여러분들이 힘들어할 때마다 여러분들을 도울 예쁜 꽃과 같은 마음을 지닌 작지만 작지 않은 손길들의 사람들을 보내드릴게요. 아셨지요?

그러니까 너무 염려를 하진 마세요."

"그리고 말이에요. 여러분들이 필요한 곳에 천사들을 많이 많이 보내드릴게요. 들리시나요. 할미꽃의 꽃말처럼 사랑과 겸손의 발자국 소리를요. 그러니까 너무 연세가 많아졌다고 너무 몸이 너무나 많이 아프다고 슬퍼하진 마세요. 아셨지요? 그 천사들이 여러분들을 보살펴 드릴 거예요."

"이 초록빛 바람이 목화 꽃송이 송이를 펴서 만든 이불 속으로
여러분들을 감싸 드릴게요. 아셨지요?"

초록빛 바람이 말했어요.
"이젠 여러분들과 섭섭하지만 헤어질 시간이 되었네요.
여러분들은 이미 할미꽃이 되어 버린 사람들도 있고요.
하늘나라로 가실 분들도 있을 거예요.
할미꽃의 또 다른 꽃말은 [부활] 이래요.
아프지 않은 그곳에서 영원한 또 다른 삶이
여러분들을 기다리고 있네요.
그땐 여러분 안녕히들 가세요."

그때 사람들이 비로소 초록빛 바람에게 이렇게 말했어요.
"초록빛 바람아, 고마워. 여기까지 우리들에게 희망을 안고서
살아올 수 있는 바람을 일으켜 주어서 말이야.
안녕, 안녕… 초록빛 바람아!
그동안 수고 많이 했어…."라고요.

글 · 그림 임지화

나라 밖에서 사는 손주와의 소통을 위해 그림책 만들기를 시작했는데, 환경 그림책, 시니어가 주인공인 그림책까지 만들게 되었네요. 어느새 시니어를 위한 그림책 만들기 꿈이 생겼지요. 이번 그림책을 만드는 동안, 1946년에 태어난 한 아이가 홀몸 노인이 되기까지 여정을 간접 경험하는 시간이었어요.
어르신을 위로하기보다는, 저 스스로 위로받는 날이 많았던 것 같아요.

네 번째 이야기

노란 의자에서 쉬어가세요

나는 6남매 맏이예요.
어느 날 등에 업힌 동생을 땅바닥에 내려놓고
친구들과 놀다가 아버지한테 작대기로 맞았어요.
땔감 줍고, 소 풀 먹이고
저녁밥도 혼자 챙겨 먹어야 했지요.

내 나이 열두 살, 국민학교 5학년 때였어요.

아버지가 원인 모를 병이 들었어요.

나는 당시 인기 수출품인 가발을 만드는
공장에 취업해 가족을 먹여 살려야 했어요.

월급은 13,000원, 많이 받는 편이었지요.
일 원 한 푼 떼지 않고 집으로 보냈어요.

공장에서 재워주고, 밥도 먹여 줬어요.
그때는 은행에 저축할 줄도 몰랐지요.

인쇄소에 다니던 성실한 남자를 사귀었어요.
남자는 노란 나비 핀을 내 머리에 꽂아줬어요.

홀어머니, 누나와 같이 살던 그 남자를
부모님은 반대했지만, 나는 헤어질 수 없었어요.

시어머니보다 시누이 구박이 심했어요.
우리 집에서 이혼하라고 성화를 했어요.

시어머니는 보증금 100만 원에
월세 30만 원 하는 방 한 칸을 얻어줬어요.

월세방이지만 살림만 하며
단란하게 지냈어요.
그런데 딸이 다섯 살에
뇌막염을 앓게 됐지요.

나중에 뇌 이상으로 지능이 떨어졌어요.
생활비, 병원비까지 살림은 점점 쪼들려갔어요.

박씨네 인쇄소
1번지미용실
폐쇄

남편이 IMF(외환위기)로 자랑스럽게 운영하던
인쇄소를 폐업시켜야만 됐어요.
두 아들은 겨우 고등학교만 졸업시켰지요.
그래도 결혼할 상대를 데려와 참 다행이었어요.
하나뿐인 딸은 내 품에서 떠나보내야 했지요.

아파트 경비 일을 하던 남편이
근무하고 집으로 돌아오는 지하철에서
의식을 잃고 쓰러져 깨어나지 못하고
떠났어요.
나는 혼자 남아 우울증 약, 수면제로
버티면서 문득문득 남편 따라
세상을 떠나고 싶었어요.

나는 약으로 겨우 일상을 보내면서도
일을 찾으러 노인복지관에 가서 상담했어요.

칠십 나이에 산모 도우미를 시작했지요.
또한 혼자서 일어서는 방법을 배워갔어요.

일을 하고 집으로 오는 길에 친구가 혼자서
쓰러져 숨졌다는 소식을 들었어요.
다리에 힘이 빠져 한동안 멍하니 서 있었지요.
혼자 사는 나야말로 혼자 숨지겠다 싶었어요.

길을 걷다가 길가의 노란 의자를 봤어요.
나도 모르게 풀썩 주저앉았어요.
마침 세, 네 살 남자애를 안은 엄마를 보며
'우리 아들과 나도 저런 때가 있었지' 하고 생각하며
우리 아들과 나의 젊을 때, 노란 나비 핀을 떠올렸어요.

노란 의자 주인은 힘들 때면 언제든 쉬어가라고 했어요.
나는 다시 힘을 낼 수 있었어요.
오늘도 노란 의자가 놓인 곳을 향해 설레는
마음으로 발걸음을 재촉하지요.

글 · 그림 박정자

우연한 기회에 동참하게 되어 행복하게 그림을 그리고
글을 쓰고 좋은 사람들과 정보 공유하고, 예쁜 두 분 선생님의
지도를 받으며 즐거운 시간을 보냈습니다.
책의 출간을 기대하며 기획에 힘써주시고 도와주신
서대문노인종합복지관 천양호 선생님께도 감사드립니다.

다섯 번째 이야기

나의 취미

나는 어릴 때부터 춤을
좋아하고 노래도 좋아하였다.

예쁜 옷 입고 춤추는 것을 즐기며,
춤은 오랜 시간 나와 함께 하였다.
나는 지금 81살이 되었다.

3년 전에 돌아가신 할아버지는 평생 돈 한번 벌지 않고 배짱이처럼 놀기만 하였다. 나는 가족의 생계를 위해 안 해본 일이 없다.

힘들고 지칠 때면 친구들과 춤을 추며
취미 생활을 하고 용기와 힘을 가지며
긍정의 힘을 놓지 않으려고 노력했다.

목욕탕에서 넘어져 발목 골절이 되어 깁스를 하였다.
게다가 허리도 협착으로 아파서 밤에는
잠을 이룰 수가 없으니 더욱 힘들었다.

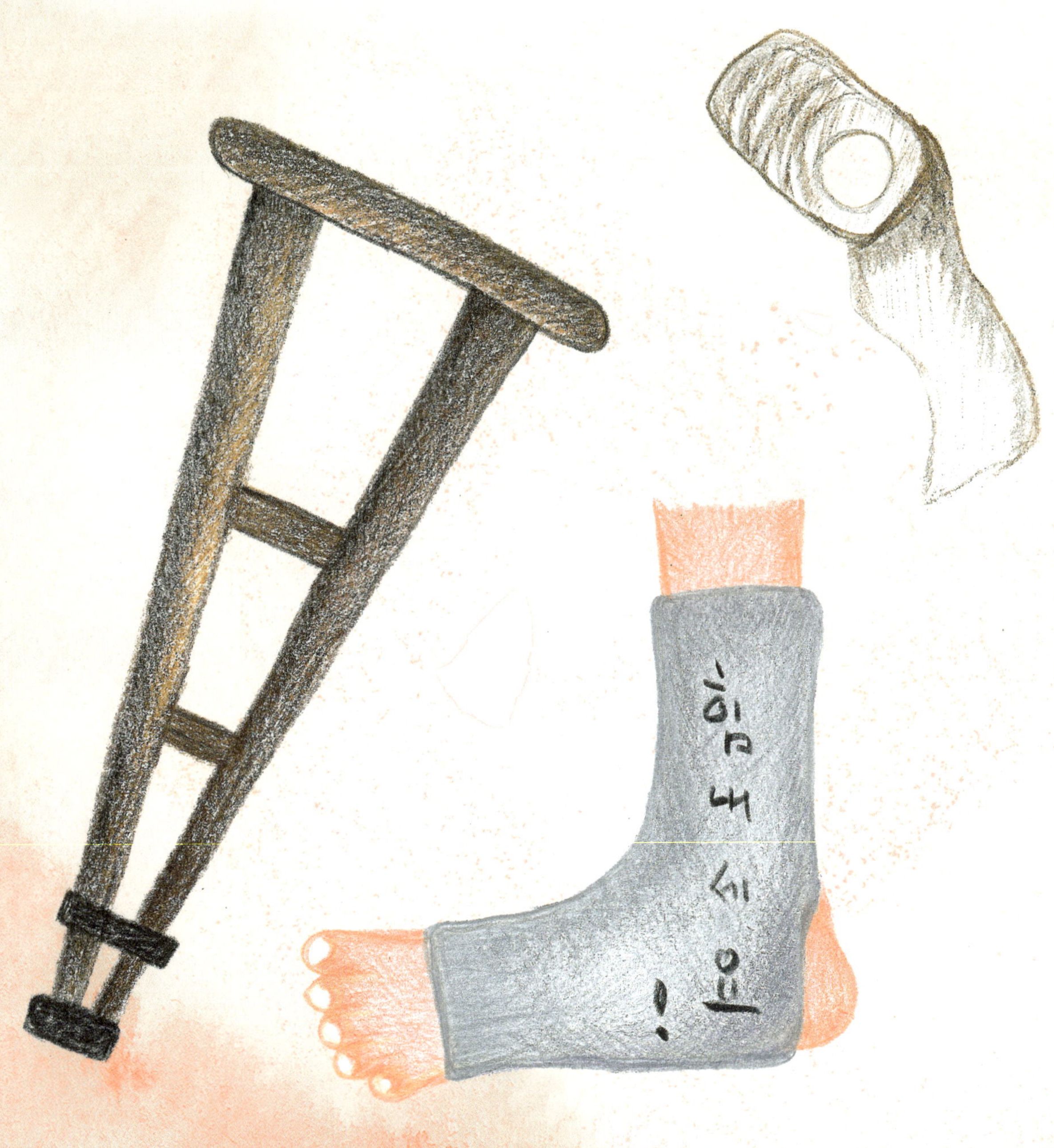

일을 할 수 없게 되어
라면으로 식사를 때우는 경우가 많았다.

춤출 때 입었던
예쁜 옷은 입을 수도 없고

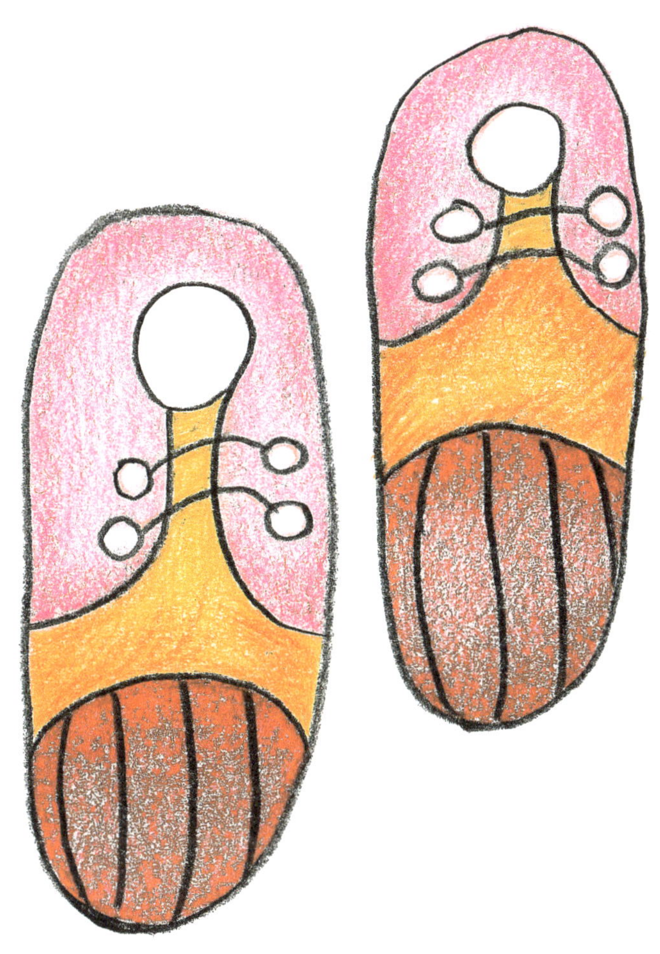

멋진 신발도 신을 수 없어
그림의 떡이 되었다.

이제 나이가 들어 취미 생활하기도 어렵고
허리 통증이 심하여 밖에 나가기도 힘들어서
의사 선생님께 진찰을 받아 보고 싶었다.

손자의 도움으로 상담을 하였는데
수술하는데 돈이 많이 들어간다고 한다.

개미처럼 꿀벌처럼 평생 일은 하였지만
가족의 생계를 유지하느라
저금통의 돈은 턱없이 부족하였다.

나에게는 토끼 같은
소중한 세 아들과
강아지 같은 귀여운
손자와 손녀가 있다.

예쁘고 소중하지만 그들에게
손을 내밀 만큼 여유들이 없다.
두 아들은 아프고 막내아들도
며느리가 아파서 어렵게 살고 있고
손자와 손녀는 아직 학생이다.

다리가 아파 밖에 나가지 못하니
친구들이 집으로 놀러와
나의 하소연을 들어 주었다.

고맙게도 오랜 나의 친구들이 수술에
보태라고 조금씩 돈을 모아 주었다.
얼마나 예쁘고 감사한지 모르겠다.
고맙고 또 고맙고 감사하다.

지인의 소개로 간병인도 필요 없는 병원에서
수술을 받고 일주일 만에 퇴원하였다.
이제는 밤에 잠도 편안히 잘 수 있어
도움 준 지인들 모두에게 더욱
감사한 마음이 든다.

깁스도 풀고 재활이 필요하다 하여
공원이나 나지막한 둘레길에서 하루 2~3시간씩
천천히 걷는 연습을 열심히 한다.

예전처럼 예쁜 옷 입고 춤추며 취미 생활을
할 수 없지만 걸을 수 있다는 감사한 마음을
가지고 열심히 재활 운동하며

여생을 어떤 취미를 가질까 고민해 보았다.

물속에서 자유롭게 헤엄치는 물고기를
기르고 아름다운 꽃을 가꾸며 나비처럼
춤추던 지난날을 추억한다.

나에게는 소중한 친구들과 가족들이 있고 감사한 마음으로 꽃에 물을 주며 행복을 느끼고, 아침이면 밥 달라고 다가오는 물고기들이 사랑스럽다. 나에게는 새로운 취미가 생겨 남은 인생이 슬프지만은 않다. 그래서 웃으며 하루를 시작한다.

초판 1쇄 2025년 04월 22일 발행

발행처 (주) 작가의탄생 | **펴낸이** 김용환 | **디자인** 김유린, 김지은

출판등록 제 406-2003-055호 | **주소** 18371 경기도 화성시 병점노을5로 20 골든스퀘어2, 1407

대표전화 1522-3864 | **전자우편** we@zaktan.com | **홈페이지** www.zaktan.com

ISBN 979-11-394-2137-8(03810)